DER BUNTE
GESCHICHTENBUS

In neuer Rechtschreibung

1. Auflage 2002
© 2002 by Arena Verlag GmbH, Würzburg
Alle Rechte vorbehalten
Einband und Illustrationen: Julia Ginsbach
Gesamtherstellung: westermann druck GmbH, Braunschweig
ISBN 3-401-05323-X

Frauke Nahrgang

Fußballgeschichten

Mit farbigen Bildern
von Julia Ginsbach

Arena

Frauke Nahrgang

ist Grundschullehrerin, Kinderbuchautorin, Mutter von zwei Kindern und begeisterter Fußballfan. Mit großer Leidenschaft und dem nötigen Knowhow hat sie schon viele erfolgreiche Fußballbücher für Kinder geschrieben. Und dass sie beim Fußball nicht nur mit Leib und Seele, sondern eben auch sehr wortstark dabei ist – davon kann auch mancher Schiri ein Lied singen...

Julia Ginsbach

lebt mit ihrem Mann und ihren fünf Kindern in einem alten Fachwerkhaus auf der Schwäbischen Alb und arbeitet sehr erfolgreich als Illustratorin für verschiedene Kinder- und Jugendbuchverlage. Als Studentin hat sie selbst aktiv Fußball gespielt, jetzt feuert sie ihren Sohn Theo an, der seit kurzem beim TSV Blaubeuren kickt. Julia Ginsbach kennt sich aus mit dem runden Leder – und wenn doch einmal etwas unklar ist, inszeniert ihr Mann die problematischen Spielzüge für sie im Wohnzimmer.

Inhalt

Abwarten, Großmaul!

Ich heiße Till und bin Verteidiger beim SV Warnfeld. Morgen ist unser Heimspiel gegen Bernsdorf. Mit denen haben wir noch eine Rechnung offen. Das Hinspiel endete nämlich eins zu null für die Bernsdorfer. Ich werde einen alten Bekannten wiedertreffen. Dem bin ich noch eine Antwort schuldig. Und die kriegt er morgen.

Beim Hinspiel war Bernsdorf haushoher Favorit. Trotzdem machten wir uns im Bus schon mal kräftig Mut und grölten »Auswärtssieg! Auswärtssieg!«, dass der Bus nur so schepperte.

»Leute!« Theo, unser Trainer, ergriff das Wort. »Bernsdorf ist brandgefährlich, besonders der Neuner. Den nehmen wir in Manndeckung. Till, traust du dir das zu?«

»Klar doch!« Bei mir war der Kerl jetzt
schon so gut wie abgemeldet.
Vor der Kabine traf ich das erste Mal mit
ihm zusammen. »Fahrt lieber wieder
heim«, riet er uns. »Heute kriegt ihr 'ne
Klatsche.«
»Stell die Ohren auf Durchzug«, flüsterte
Sören mir zu. »Sonst kriegst du's an die
Nerven.« Gleich nach dem Anpfiff testete
der Neuner meine Nerven zum ersten Mal.
»Ich bin einfach zu gut für dich«, prahlte
er.
Das ärgerte mich total. Aber ich ließ mir
nichts anmerken und sagte nur:
»Abwarten!«
Bernsdorf machte von Anfang an mächtig
Druck. Aber wir hielten dagegen. Unsere
Abwehr stand gut. Sicher auch, weil ich an
dem Neuner klebte wie alter Kaugummi.
Leider hatte er nicht übertrieben. Er war

wirklich gut. Aber ich hatte ihn im Griff. Bis kurz vor der Halbzeit jedenfalls. Da wartete er auf ein Zuspiel. Eigentlich bin ich ein Hellseher und weiß immer, wo der Ball hingespielt wird. Aber diesmal startete ich in die falsche Richtung. Der Neuner konnte den Ball in aller Ruhe annehmen und in den Strafraum flanken. Dort musste der Stürmer nur noch seinen Kopf hinhalten. Tor! Der Neuner jubelte. Dann quatschte er mich auch noch an. »Ich spiele später mal in der Bundesliga. Willst du ein Autogramm?«

»Ich gebe dir gleich ein Autogramm!«, knurrte ich. Aber dazu blieb keine Zeit mehr, weil der Schiri zur Halbzeit pfiff. Natürlich war die Stimmung in der Kabine mies, meine besonders. Theo versuchte mich zu trösten: »So einen wie den Neuner schaltet man nie ganz aus.«

»Doch!« Ich ballte meine Faust. »Ich schalte ihn aus. Ich schwör's dir!«

Dabei fing die zweite Hälfte wieder nicht gut an. Der Neuner trickste mich an der Mittellinie aus. Ich kriege jetzt noch eine rote Rübe, wenn ich daran denke.

Natürlich setzte ich sofort nach. Der Neuner war verdammt schnell, aber ich war wütend wie ein wilder Stier. Und so rannte ich auch. Noch vor dem Strafraum hatte ich ihn erwischt und fuhr die Grätsche aus. Der Neuner schrie auf und fiel.

Zornig ging der Schiri auf mich los. »Das war ein ganz übles Foul!«

Lächerlich, es war höchstens eine Kleinigkeit. Aber der Schiri zeigte erbarmungslos nach draußen. »Fünf Minuten! Und da hast du noch Glück. Ich könnte dich auch ganz runterstellen.«

Stinksauer lief ich vom Platz. Unterwegs musste ich mir noch ein paar blöde Sprüche der Zuschauer anhören. Der Neuner stand natürlich längst schon wieder.

»So ein Schwalbenkönig!«, beschwerte ich mich bei Theo. Leider sah der das ganz anders:

»Du hast den voll vors Knie getreten«, schimpfte er. »Nachher entschuldigst du dich!«

Entschuldigen? Ausgerechnet bei dem? Nie im Leben. Aber das sagte ich jetzt lieber nicht.

Es wurden die grässlichsten fünf Minuten meines Lebens. Weil Theo stinksauer war. Und weil die Bernsdorfer in Überzahl wie verrückt Druck machten. Es dauerte eine Ewigkeit, bis ich endlich wieder mitspielen durfte.

Der Neuner empfing mich mit einem
Grinsen. »Na, die kleine Pause beendet?«
Am liebsten hätte ich ihm eine gescheuert.
Aber dagegen haben Schiris bekanntlich
etwas. Dieser hatte mich nun sowieso auf
dem Kicker und ich musste total vorsichtig
sein.

Trotzdem legte ich den Neuner wieder an
die Leine. Ohne ihren Spielmacher waren
die Bernsdorfer nur die Hälfte wert. Wir
konnten hinten richtig dichtmachen.

Lange war nicht mehr zu spielen. Da kam
mein Gegenspieler auf der linken Seite an
den Ball. Ich ging dazwischen und
beförderte das Leder ins Seitenaus. Der
Neuner rutschte hinterher und landete auf
der Aschenbahn.

»Foul!«, brüllten der Bernsdorfer Trainer
und die Zuschauer. Und der Schiri? Der
pfiff! Dabei hatte ich ganz klar den Ball

gespielt. Aber das interessierte niemanden. Der Schiri notierte meine Rückennummer. Ich wusste, was das bedeutete: Platzverweis und eine saftige Sperre. Unglücklich trottete ich vom Platz.

Der Neuner hatte sich aufgerappelt. »Das war kein Foul!«, rief er.

Ich traute meinen Ohren nicht.

»Wirklich!«, bekräftigte er. »Das war ein ganz normaler Zweikampf. Und er hat ihn leider gewonnen.«

Der Schiri zögerte. Schiedsrichter haben immer Recht. Sie mögen es nicht, wenn jemand etwas anderes behauptet. Aber schließlich lobte er den Neuner für seine Fairness und ließ mich wieder mitspielen.

Nach dem Spiel verstauten wir gerade unsere Sachen im Bus. Da schob der Neuner sein Fahrrad vorbei.

»Ich hab noch was vergessen!«, rief ich, stieg aus und rannte ihm nach.

»Danke! Weil du das gesagt hast. Du weißt schon.«

Der Neuner winkte ab. »Passt schon«, meinte er großzügig.

Eine Weile standen wir so. Dann gab ich mir einen Ruck und sagte: »Das mit deinem Knie . . . also das tut mir Leid.«

»Geht schon klar, Mann. Einen Spieler wie mich kann man ohne Foul eben nicht stoppen.«

Ich schnappte nach Luft. »Weißt du, was du bist? Ein richtiges Großmaul!«

Der Neuner grinste. »Auch schon gemerkt? Das ist mein Markenzeichen.«

Puh, der Kerl war wirklich ein Großmaul.

Aber sonst war er eigentlich nicht übel.

Und Fußball spielen konnte er.

»Also dann, bis zum Rückspiel«,
verabschiedete ich mich.

Der Neuner stieg auf sein Fahrrad. »Da
kriegt ihr wieder 'ne Klatsche!«, rief er.

Abwarten, wollte ich sagen, aber da war er
schon losgebraust.

Egal. Die Antwort gebe ich ihm schon
noch. Nämlich morgen beim Spiel.

Torfrau mit Mumm

Wenn Mark seinen Schlüssel nicht vergessen hätte, wäre ich nie im Leben Torfrau geworden. So war es wenigstens einmal für etwas gut, dass er immer so schusslig ist. Und wenn ich nicht so wütend auf ihn gewesen wäre, wäre ich auch nicht Torfrau geworden. So war es wenigstens einmal für etwas gut, dass er manchmal ein Scheusal ist.

Einmal wollte ich nachmittags bei Mark vorbeischauen. Der geht mit mir in eine Klasse und wohnt ganz in meiner Nähe. Ich hatte schon geklingelt, da fiel es mir wieder ein. Mark war ja beim Fußballtraining. Seine Mutter machte mir die Tür auf und fing gleich an zu jammern. »Mark hat seinen Schlüssel vergessen. Und ich muss weg.«

»Ich bringe ihm den Schlüssel«, bot ich an.
»Sofie, du bist ein Schatz!«, rief Marks
Mutter begeistert.

Damit hatte sie Recht, denn bis zum
Stadion war es ziemlich weit. Und heiß war
es auch. Aber ich nahm die Strapazen gern
auf mich. Erstens, weil ich wirklich ein
Schatz bin. Und zweitens, weil ich damals
noch schrecklich verliebt in Mark war. Auch
wenn er von Liebe nichts hören wollte.
»Liebe ist nichts für Fußballer«, sagte er
immer.
Endlich war ich im Stadion angekommen.
Die Fußballer machten gerade eine Pause
und lümmelten auf dem Rasen herum.
Mark konnte ich zuerst nirgendwo
entdecken, nur Sebastian, den kannte ich
von der Schule. Ich fragte ihn nach Mark.
»Mark!«, brüllte er. »Dein Typ wird
verlangt!«
Mark tauchte hinter seiner Sporttasche auf.
Als er mich sah, guckte er nicht gerade
begeistert.

»He«, feixte einer seiner Kumpels.
»Besuch von deiner Freundin!«
Die anderen kicherten.
Mark wurde knallrot. »Quatsch«, murmelte
er. »Was kann ich dafür, dass die mir
immer nachläuft? Meine Freundin ist sie
jedenfalls nicht.«
Als ich das hörte, wurde ich stinksauer.
»Was? Ich bin nicht deine Freundin? Jeden
Tag gehen wir zusammen in die Schule.
Ich lasse dich immer abschreiben. Du
nimmst meine Stifte, wenn du deine mal
wieder verloren hast. Beim Einmaleins
sage ich dir vor. Und wenn du dein
Pausenbrot vergessen hast, kriegst du
meins. Und da sagst du, ich bin nicht deine
Freundin?«
Mark wurde noch röter. »Sei doch still«,
zischte er.
Das hatte ich sowieso vor. Nie wieder

würde ich mit dem Typ reden. Den
Schlüssel knallte ich ihm vor die Füße und
marschierte wütend zum Ausgang. Da rief
Sebastian: »Warte mal! Willst du nicht Tor-
mann werden?«
Zuerst dachte ich, er macht einen Witz.
Aber keiner lachte.
»Unser alter Tormann ist weggezogen«,
erklärte er. »Wir suchen dringend einen
neuen.«

Gerade wollte ich sagen: »Das kann ich doch überhaupt nicht.« Da kam Mark mir zuvor. Er tippte sich an die Stirn. »Sofie und Tormann? Das schafft die nie!«
»Warum nicht?«, fragte Sebastian. »Sie hat Mumm. Mumm ist das Wichtigste bei einem Tormann.« Die anderen nickten. Außer Mark natürlich.
»Stell dich doch mal in den Kasten«, schlug einer vor.

Ich wollte Mark eins auswischen und sagte:
»Okay!«

Bis dahin wusste ich nicht, wie riesig so ein
Tor ist. Auch nicht, dass die Bälle so
angedonnert kommen. Bei den ersten
Schüssen hüpfte ich noch zur Seite oder
duckte mich. Aber dann blieb ich stehen
und erwischte tatsächlich ein paar Bälle.
Von Mark hätte ich an diesem Tag sicher
alle gehalten. Doch er war der Einzige, der
nicht aufs Tor schoss, der Feigling.

Nachher taten mir die Hände weh und mein
Knie war aufgeschlagen. Trotzdem hatte
es mir richtig Spaß gemacht. Ich wäre jetzt
wirklich gern Torhüter geworden. Aber ich
war mir sicher, dass die anderen mich nicht
mehr wollten. Schließlich hatte ich jede
Menge Treffer kassiert. Komischerweise
wollten sie mich doch. Sie fanden, ich hätte
Talent. Einer sagte: »Am Anfang kriegt

jeder die Kiste voll.« Und Sebastian meinte: »Du wirst mal ein richtig guter Tormann.« In diesem Punkt hat er sich allerdings getäuscht.

Seit damals habe ich viel trainiert. Ich finde das Tor jetzt gar nicht mehr so riesig. Und wenn die Bälle angedonnert kommen, ducke ich mich schon lange nicht mehr. Manche fange ich, andere fauste ich einfach weg. Und kommt ein Gegner allein auf meinen Kasten zu, laufe ich ihm entgegen. Manchmal fletsche ich dabei noch die Zähne. Das habe ich vor dem Spiegel geübt und es sieht wirklich gefährlich aus.

Trotzdem bin ich kein guter Tormann geworden. Ich bin nämlich eine gute Torfrau. Selbst Mark hat das inzwischen zugeben.

Ich glaube, er ist ganz froh, dass ich in

seiner Mannschaft bin. Ich gehe immer mit ihm zum Training. Ich leihe ihm meine Ersatz-Stutzen, wenn er seine mal wieder vergessen hat. Er darf aus meiner Wasser-flasche trinken. Und ich schimpfe mit ihm auf den Schiri, auch wenn der ausnahmsweise mal Recht hat. Man kann also sagen, ich bin seine Freundin.

Ob ich immer noch in ihn verliebt bin? Quatsch! Liebe ist doch nichts für Fußballer.

Fliegenfänger

Heute Abend wird das Bayern-Spiel im Fernsehen übertragen. Vladi hat mich gefragt, ob wir es im Vereinsheim anschauen wollen. Ich überlege noch. Schon einmal haben wir dort zusammen ein Bayern-Spiel gesehen. Das hätte beinahe üble Folgen gehabt.

Vladi und ich sind Freunde. Teilzeit-Freunde, genau gesagt. Wir schaffen es nämlich nie, länger als einen Tag befreundet zu sein. Spätestens dann gibt es Krach. Vladi sagt: »Sven ist ein Streithammel.« Dabei fängt er meistens an.

Wir spielen zusammen beim SC. Ich bin Stürmer und Vladi steht im Tor. Ich bin ziemlich gut, aber Vladi sagt, er ist besser. Immer muss er noch einen draufsetzen.

Kein Wunder also, wenn wir uns in die Wolle kriegen. Meistens versöhnen wir uns bald wieder. Aber nach dem Bayern-Spiel war es richtig aus zwischen uns.

Vladi ist ein großer Bayern-Fan. Ich dagegen kann die Bayern nicht ausstehen. Umso mehr freute ich mich, als sie schon nach wenigen Minuten einen Treffer kassierten.

»Klarer Torwartfehler!«, stellte ich fest. Das brachte Vladi auf die Palme, denn der Tormann der Bayern ist sein großes Idol. Vladi brüllte: »Du hast ja keine Ahnung!« Das konnte ich so nicht stehen lassen und brüllte zurück.

Der Wirt setzte uns vor die Tür und meinte: »Krakeelt doch bitte draußen weiter.« So konnte ich das Spiel nicht zu Ende schauen und daran war Vladi schuld. Ich holte tief Luft und fragte: »Weißt du, was du bist? Du bist ein Fliegenfänger wie der Olli Kahn.«

Vladi war in seiner Torwart-Ehre gekränkt. »Du bist nicht mehr mein Freund!«, sagte er und lief davon.

»Du meiner schon lange nicht mehr«, schrie ich ihm nach.

Am nächsten Morgen behandelte ich Vladi wie Luft. Leider konnte ich nicht feststellen, ob er sich kräftig darüber ärgerte, denn er behandelte mich auch wie Luft.

Wir fuhren zum Auswärtsspiel nach Gahlingen.

Gahlingen ist nicht gerade die Top-Adresse im Fußball. Wir waren klarer Favorit und so spielten wir auch. Das heißt, so spielten die anderen. Bei mir lief es nicht rund. Ich latschte ein paar Mal ins Abseits, verlor einige leichte Zweikämpfe und vergab zwei Hundertprozentige kläglich. Aber Vladi

sollte bloß nicht denken, dass ich seinetwegen so von der Rolle war. Zum Glück führten wir zur Halbzeit eins zu null. In der zweiten Hälfte hatten die Gahlinger ihre Abwehr besser postiert. Sie wagten selber ein paar Vorstöße und wurden immer mutiger. Vergeblich wartete ich auf Chancen. Schließlich musste ich sogar in der Abwehr aushelfen.

Die Spielzeit war fast abgelaufen, da segelte ein langer Ball in unseren Strafraum. Der Gahlinger wollte losspurten. In letzter Sekunde kriegte ich sein Trikot zu fassen und hielt es fest. Sofort ertönte ein schriller Pfiff.

Erschrocken ließ ich das Trikot los und der Gahlinger purzelte durch den Strafraum. Schnell hob ich die Hände, aber niemand glaubte mir, dass ich unschuldig war. Der Schiri zeigte ohne Gnade auf den Punkt.

Und meine Mitspieler knallten mir ein paar üble Dinge an den Kopf. Am liebsten hätte ich mich eingebuddelt. Aber dazu blieb keine Zeit, der Schiri schickte uns aus dem Strafraum. Nur der Schütze durfte bleiben. Der Schütze und Vladi.

Vladi!, dachte ich verzweifelt. Vladi! Hilf mir!

Aber es war ja aus zwischen mir und Vladi. Mir konnte niemand mehr helfen.

In Zeitlupe legte sich der Gahlinger den Ball zurecht. Vladi stand auf der Linie, leicht vorgebeugt, die Hände auf den Oberschenkeln. Ganz ruhig stand er da und ließ den Gegner nicht aus den Augen. Der zögerte einen Moment, dann lief er an und schoss. Da erst drückte Vladi sich ab. Er wurde lang, immer länger. Mit den Fingerspitzen berührte er den Ball und lenkte ihn ums Gehäuse.

Erst als ich Vladi schon am Hals hing, fiel
es mir wieder ein: Wir waren uns ja böse.
Aber jetzt war es zu spät. Denn da drückte
ich ihn schon und er drückte mich, dass mir
die Luft wegblieb. »Ich war blöd!«, flüsterte
ich ihm zu.
»Ich war noch blöder!« Typisch, Vladi.
Immer muss er noch einen draufsetzen.
Auf der Rückfahrt sagte Vladi: »Das mit
dem Fliegenfänger . . .«
Schnell wollte ich mich entschuldigen, aber
Vladi meinte: »Du hattest Recht. Fliegen
sind verdammt schnell. Wer diese
Mistviecher fangen will, muss ein Spitzen-
Tormann sein. So einer wie ich.«
Er ist eben ein Angeber. Aber das sagte ich
ihm nicht. Dafür verlor er kein Wort über
mein bescheuertes Foul.
Bescheuert war es wirklich, aber ohne
dieses Foul wären Vladi und ich sicher

immer noch Feinde. Wenn wir heute Abend das Bayern-Spiel anschauen, krachen wir uns wieder. Und Morgen spielen wir in Allheim. Vielleicht muss ich dann wieder foulen, nur damit wir wieder Freunde werden. Das kann auch mal schief gehen.

Und deshalb gehe ich nicht ins Vereinsheim. Ich höre mir das Spiel daheim im Radio an. Ohne Vladi. Sicher ist sicher.

Tomaten auf den Augen

Am Montag haben wir in der Schule über das Spiel vom Samstag geredet. Leider haben wir verloren. »Der Schiri hatte Tomaten auf den Augen«, sagte ich. Früher konnte ich nie solche schlauen Sachen sagen. Fußball war nämlich nicht mein Ding.

Ich renne nicht gerne. Besonders fest schießen kann ich auch nicht. Und vielleicht bin ich ein bisschen zu dick. Auch wenn Mama allen Leuten erzählt: »David ist nur etwas rund.«

In meiner Klasse gibt es jede Menge Fußballer. Die spielen bei TuS Grün-Weiß. Ich konnte mit denen nicht viel anfangen und sie nicht mit mir. Dann ging auch noch Nils zu Grün-Weiß. Das war schlimm, denn Nils war bisher mein bester Freund gewesen. Jetzt hatte er kaum noch Zeit für mich. Ständig musste er zum Training, zu irgendeinem Spiel oder zu einem blöden Turnier. Und dauernd redete er mit den anderen über Fußball. Einmal schimpften sie über den Schiri, weil der mal wieder Tomaten auf den Augen gehabt hatte.

Ich stellte mir vor, wie er damit über den Platz irrt, und lachte mich halb schlapp. Aber die anderen fanden das nicht komisch und meckerten mich an. Da beteiligte ich mich nicht mehr an ihren Gesprächen. Nils' Geburtstag rückte näher. Als Nils mich einlud, sagte er: »Gleich nach dem Kuchenessen müssen wir ins Stadion. Wir haben ein Spiel.«

»Dann bleibe ich lieber daheim«, schmollte ich. Aber dann ging ich doch hin. An Nils' Geburtstag gibt es zum Abendbrot nämlich immer Pizza. Und niemand backt so gute Pizza wie Nils' Mutter. Also musste ich wohl den Fußballquatsch über mich ergehen lassen.

Die Feier begann genau so, wie ich es mir vorgestellt hatte. Alle redeten pausenlos über das Spiel. Und ich stopfte pausenlos Schoko-Torte in mich hinein. Aber davon wurde meine Laune nicht besser.

Schließlich trottete ich hinter den anderen her ins Stadion.

Die verschwanden gleich in der Kabine. Eine Frau fragte mich: »Bist du ein Fan?« Ich nickte. Ich war ein großer Fan. Von Pizza. Mir knurrte der Magen, wenn ich nur daran dachte. Aber die Frau hatte es anders gemeint. »Ich bin Bastis Oma und der größte Fan von Grün-Weiß«, stellte sie sich vor. »Und heute gewinnen wir.«

Ich nickte wieder. Die Frau war nett und ich wollte sie nicht enttäuschen.

Die Mannschaft von Nils und Basti trug Trikots in Grün und Weiß. Die Gegner kamen in Rot. Das war einfach zu unterscheiden. Alles andere war komplizierter.

»Die Abwehr steht gut!«, lobte Bastis Oma. Dabei stand überhaupt niemand. Alle rannten durcheinander.

Plötzlich schossen die Roten ein Tor. »So ein blöder Konter!«, schimpfte Bastis Oma. »Aber noch ist nichts verloren. Wir müssen noch mehr über die Flügel kommen.«

»Ja, ja, die Flügel.« Keine Ahnung, wovon sie redete.

Endlich pfiff der Schiedsrichter zur Halbzeit. Stinksauer lief Nils an mir vorbei und zischte: »Wenn wir das Ding verlieren,

kann Mama ihre blöde Pizza am Bahnhof
verkaufen!«

Was? Nur wegen der Pizza hatte ich all die
Strapazen auf mich genommen. »He!
Warte!«, rief ich und lief hinterher. Erst in
der Kabine holte ich ihn ein. Dort war die
Stimmung auf dem Tiefpunkt. Zur Rettung
meiner Pizza musste ich sofort etwas
unternehmen.

»Noch ist nichts verloren!«, begann ich.
»Ha, ha! Was weißt du schon?«, kam als
Antwort zurück.
Ich kratzte meine neu erworbenen
Kenntnisse zusammen: »Die Abwehr
stand gut! Und von so einem blöden
Konter lasst ihr euch doch nicht
einschüchtern!«

Alle schauten mich überrascht an.

»Kommt einfach noch mehr über die Flügel!«, beendete ich meinen Vortrag. Jemand klopfte mir auf die Schulter. Es war der Trainer. »Genau das wollte ich auch gerade sagen«, meinte er. »Also, Jungs, geht raus und macht es so!«

Ob sie es so machten, weiß ich nicht. Damals konnte ich das noch nicht beurteilen. Jedenfalls sprang Nils irgendwann hoch, plumpste nach hinten und hämmerte dabei den Ball über seinen Kopf. Tor!

Im ersten Schreck dachte ich, Nils hätte sich den Hals gebrochen. Dann dachte ich, Bastis Oma bricht mir den Hals. »Ein Super-Fallrückzieher!«, kreischte sie und quetschte mich fast zu Brei. Ich musste ihr versprechen auch zum nächsten Spiel zu kommen. Erst dann ließ sie mich wieder frei.

So wurde die Pizza doch nicht am Bahnhof verkauft. Beim Abendessen unterhielten wir uns über das Spiel. »Ein Super-Fallrückzieher«, betonte ich. Nils schüttelte verwundert den Kopf. »Du hast ja Ahnung von Fußball«, sagte er. Auch die anderen staunten. Mir wurde ganz warm im Bauch. Und das lag nicht nur an der guten Pizza.

Zum nächsten Spiel ging ich, weil ich es Bastis Oma versprochen hatte. Und dann versäumte ich kein einziges Spiel mehr. Weil TuS Grün-Weiß so einen Fan wie mich dringend braucht. Ich habe nämlich Super-Ideen. Zum Beispiel das Plakat in unserer Schule. Das ist von mir: INS STADION GEHEN, TUS GRÜN-WEIß SEHEN! Gut, oder? Noch besser finde ich die Sache mit dem Mannschaftsbus. Ich habe mit dem Chef von Auto-Huber

gesprochen. Wenn er uns für Auswärtsspiele seinen Bus leiht, hängen wir ein Schild dran: AUCH DER TUS GRÜN-WEIß FÄHRT GUT MIT AUTO-HUBER! Herr Huber will es sich überlegen. Nils sagt, ich habe kaum noch Zeit für ihn. Er hat Recht. Als Fußball-Fan hat man wirklich viel zu tun. Vielleicht habe ich deshalb ein bisschen abgenommen. Ich bin nicht mehr richtig dick. Höchstens noch etwas rund. Und das stört nicht bei einem Fußball-Fan. Ein Fußball-Fan muss auch nicht schnell laufen oder fest schießen. Nur eins muss er unbedingt wissen: Es ist wirklich kein bisschen komisch, wenn der Schiri Tomaten auf den Augen hat.

Treffer des Jahres

Ich heiße Niki und gehe in die vierte Klasse der Martin-Stein-Schule. In jeder Pause spielen wir Fußball. Um ein Haar hätte ich dabei den Treffer des Jahres erzielt. Aber meine Karriere als Schulhof-Kicker wäre mit einem Schlag vorbei gewesen. Ich kriege heute noch einen Schreck, wenn ich daran denke.

Auf unserem Schulhof gab es nur ein einziges Fußballfeld, und das war winzig klein. Spielte man woanders, machten die Lehrer sofort Ärger. Natürlich reichte das Spielfeld nicht für alle. Deshalb spielten immer nur die Großen. Das nervte die Kleinen, aber irgendwann waren sie die Großen und durften selber ran. So ging alles recht gut, bis Frau Knörz an unsere Schule kam. Sie war die neue Rektorin und

konnte Fußballer nicht ausstehen. Deshalb
schnüffelte sie in den Pausen dauernd bei
uns rum, mischte sich in alles ein und
machte uns das Leben schwer.
Und noch jemand hing uns auf der Pelle.
Richard, ein Kleiner aus der zweiten
Klasse. In jeder Pause schaute er

Sicher hätte er gern
r wir konnten nun mal
en machen.
ir eine Mathearbeit
durften etwas vor der
unserem Fußballplatz

standen dicke Pfützen. Trotzdem legten wir
gleich los.
Wir waren alle schon durchgeweicht, als
ich Alex mit einer wuchtigen Flanke
bedienen wollte. Aber der nasse Ball
rutschte mir über den Spann. Alex hechtete
ins Leere und landete in einer Pfütze. Das

Lachen blieb mir im Hals stecken. Alles, was jetzt passierte, konnte höchstens eine klitzekleine Milli-Sekunde gedauert haben. Mir kam es wie eine Ewigkeit vor.

Frau Knörz war mal wieder zu uns unterwegs. Sie ahnte nichts von der Gefahr und lief direkt auf den Ball zu. Gleich würde er in ihre schicke Frisur einschlagen. Ein Volltreffer, an dem ich wenig Freude haben würde.

Fußballverbot, vermutlich lebenslänglich, erwartete mich.

In dem Moment raste der Kleine heran. Er drückte Frau Knörz zur Seite, dass die auf ihren hohen Absätzen gefährlich ins Schwanken kam. Er sprang hoch, stoppte den Ball mit der Brust und passte ihn ins Spielfeld zurück. Eine Meisterleistung!

Frau Knörz wusste das nicht zu schätzen. »Richard!«, brüllte sie aufgebracht.

»Was ist das für ein Benehmen!« Sie putzte den Kleinen total runter.

»Der kann gar nichts dafür!«

Frau Knörz schaute mich erstaunt an. Da merkte ich erst, dass ich das gerufen hatte.

»Bist du bescheuert?«, knurrte Alex.

Wahrscheinlich. Aber jetzt konnte ich nicht mehr zurück. Ich stellte mich neben den Kleinen. »Der hat Sie gerettet«, erklärte ich.

Wie üblich wusste Frau Knörz alles besser. »Weggedrängt hat er mich. Typisch für einen Fußballer.«

Jetzt wurde ich richtig wütend. »Er ist gar kein Fußballer! Weil er gar nicht mitspielen darf. Kein Kleiner darf das. Sonst trampeln wir uns auf diesem lausigen Platz zu Mus. Dabei hat der Junge Talent. Und ein gutes Auge für den Ball. Sonst wäre meine Flanke nämlich auf Ihren Kopf gedonnert.

Kein Vergnügen! Denn wenn ich schieße, dann ist was dahinter.«

Frau Knörz war blass geworden.

»Warum . . .«, stammelte sie, »warum schießt du auf mich?«

Alex hatte sich inzwischen zu uns gesellt. Er seufzte. Vielleicht weil Frau Knörz so dumme Fragen stellte. Vielleicht aber auch weil ich uns um Kopf und Kragen redete.

»Der Ball war für mich«, quetschte er hervor. »Leider habe ich ihn verfehlt.«

Frau Knörz schwieg lange. Schließlich sagte sie: »Danke!« Dabei schaute sie erst den Kleinen an, dann Alex und mich. Ohne ein weiteres Wort stöckelte sie davon.

»Die steht unter Schock«, murmelte Alex.

Sicher hatte er Recht. Keiner von uns hatte Fußballverbot bekommen. Nicht mal eine

Extra-Arbeit. Das konnte nur mit einem
Schock erklärt werden.
Ich klopfte dem Kleinen auf die Schulter.
»Toller Zweikampf gegen die Knörz!«
Der Kleine winkte bescheiden ab. »Im
Fußball hat die nichts drauf«, sagte er.
Es passierte noch etwas Merkwürdiges.
Am nächsten Morgen malte der
Hausmeister ein neues Fußballfeld auf
unseren Hof. Vor dem Werkraum.

Dort spielen seither die Kleinen mit einem wabbeligen Softball. Frau Knörz erlaubt ihnen keinen Lederball. Wegen der Fensterscheibe, sagt sie. Ich glaube, es gibt noch einen anderen Grund. Bei uns lässt Frau Knörz sich seit damals nicht mehr blicken. Aber bei den Kleinen schaut sie dauernd nach dem Rechten.

Wenn sie dabei mal den Treffer des Jahres
an den Kopf kriegt, ist das halb so
schlimm. Ein Softball tut nicht weh.
Richard spielt übrigens nicht bei den
Kleinen. Er spielt bei uns. Auf einen
Fußballer mit seinem Talent und seinem
Auge für den Ball können wir nämlich
unmöglich verzichten.

Steinzeit-Treter

Ich heiße Dennis und bin Stürmer beim SV.
Zu unserem Heimspiel gegen Gosswald
musste ich mit total hässlichen Tretern
auflaufen. Daran war Mama schuld und ich
habe mir geschworen: Das verzeihe ich ihr
nie im Leben.

Mama hatte vergessen meine Fußballschuhe vom Schuster abzuholen. Wenn
ich mal eine Kleinigkeit vergesse, Haus-
aufgaben oder Zimmer aufräumen, gibt es
gleich ein riesiges Theater. Aber Mama
hatte nicht mal ein schlechtes Gewissen.

»Zieh doch Papas alte Fußballschuhe
an!«, schlug sie vor.

Die Schuhe stammten aus Papas Jugend.
Was für Gurken!

»Kommt nicht in Frage!«, erklärte ich.

»Lieber gehe ich gar nicht zum Fußball!«

»Gut so!«, sagte Mama unbarmherzig.
»Dann hast du endlich mehr Zeit für die
Schule.«

Diese Freude gönnte ich ihr natürlich nicht
und ging doch zum Spiel. Mit den alten
Tretern in meiner Sporttasche. Was blieb
mir sonst übrig? Wütend knallte ich die
Wohnungstür zu und trampelte auf der
Treppe. Aber davon wurde mir nicht
besser.

An der Kreuzung stand Nataly. Sie spielt bei
uns im Mittelfeld und wir gehen immer
zusammen. »Mann, wo bleibst du denn?«,
beschwerte sie sich. »Ich warte schon ewig.«
Das hatte mir gerade noch gefehlt! »Du
blöde Meckertante!«, schimpfte ich.
»Spinnst du?« Nataly tippte sich an die
Stirn und marschierte los, ohne sich noch
ein einziges Mal umzudrehen. Ph, sollte sie
doch!

In der Kabine verzog ich mich in die hinterste Ecke. Aber Chris, unserem Libero, entgeht nichts. Mit dem Ton eines Reporters verkündete er: »Meine Damen und Herren, hier sehen Sie Fußballschuhe aus der Steinzeit!« Die anderen schauten neugierig zu mir herüber. »Wo hast du die denn ausgegraben?«, fragte jemand. Die meisten lachten. Nur Nataly tat so, als wäre ich Luft. Auch auf dem Platz ging es mir nicht besser. Noch vor dem Anpfiff sagte mein Gegenspieler grinsend: »Mit diesen Schuhen gehörst du ins Museum.« »Dort stell ich dich gleich hin!«, drohte ich. »Ins Museum für plattgemachte Verteidiger!« Mein Gegenspieler wieherte vor Lachen und ich explodierte fast vor Zorn. Dem frechen Typ wollte ich's zeigen, nahm ich mir vor. Aber das war nicht so einfach. Leider war er zweikampfstark und schnell. Er ließ mir kaum eine Chance. Nur einmal kam ich im Strafraum zum Schuss. Der Winkel war etwas spitz. Chris war viel besser postiert. Aber ich hatte mich zu sehr über ihn geärgert und zog selber ab: Meilenweit flog der Ball am Kasten vorbei.

»Du Hirni«, schimpfte Chris. Während er noch meckerte, hatte mein Gegenspieler mich schon wieder unter seine Fittiche genommen. Sicher wäre das Spiel un- entschieden ausgegangen, wenn ich nicht Papas alte Treter angehabt hätte.

Es war kurz vor Schluss. Gosswalds Torwart wollte abstoßen. Alle Gosswälder machten sich auf den Weg nach vorn. Auch mein Bewacher trabte los. Ich hätte mitlaufen und mich in die Verteidigung einschalten müssen. Aber die Schnürsenkel von Papas Galoschen waren so morsch wie die Schuhe selber. Der linke war gerissen. Ich bückte mich, um ihn zu verknoten. In dem Moment zog der Torwart ab.

Natürlich wollte er nicht mich bedienen. Aber genau das tat er. Er servierte mir millimetergenau. Sofort vergaß ich den Schnürsenkel, schnappte mir die Kugel und raste los. Der Torwart war vor Schreck wie gelähmt. Ich konnte mir die Ecke aussuchen. Schon zappelte der Ball im Netz. Mit ihm auch mein linker Schuh. Wütend pfefferte der Gosswälder Torwart ihn ins Aus.

Meine Mitspieler stürzten sich auf mich und und erdrückten mich fast. Als ich endlich wieder frei war, wurde ich gegen einen Verteidiger ausgewechselt. Unser Trainer wollte auf Nummer sicher gehen. Es waren nur noch ein paar Minuten zu spielen.

Erst nachher in der Kabine fiel mir auf, dass

ich links nur auf dem Strumpf unterwegs
war. Chris hatte meinen Schuh mitgebracht.
Er schwenkte ihn übermütig und grölte:
»Steinzeit-Treter schießt SV zum Sieg!«
»Wen meinst du?«, fragte Nataly. »Den
Steinzeit-Schuh oder den Steinzeit-
Menschen?« Sie lächelte mich an.
Erleichtert lächelte ich zurück.
Papas Galoschen sind wirklich total
hässlich. Trotzdem werfe ich sie nicht weg.
Ich hebe sie als Glücksbringer auf. Ich
habe Mama übrigens doch noch mal
verziehen. Weil ich ein großzügiger
Mensch bin. Und weil sie meine Fußball-
schuhe am nächsten Tag abgeholt hat.
Aber ich habe mir vorgenommen, bald
vergesse ich auch mal was. Hausauf-
gaben. Oder Zimmer aufräumen. Oder
beides. Dann sind Mama und ich nämlich
wieder quitt.

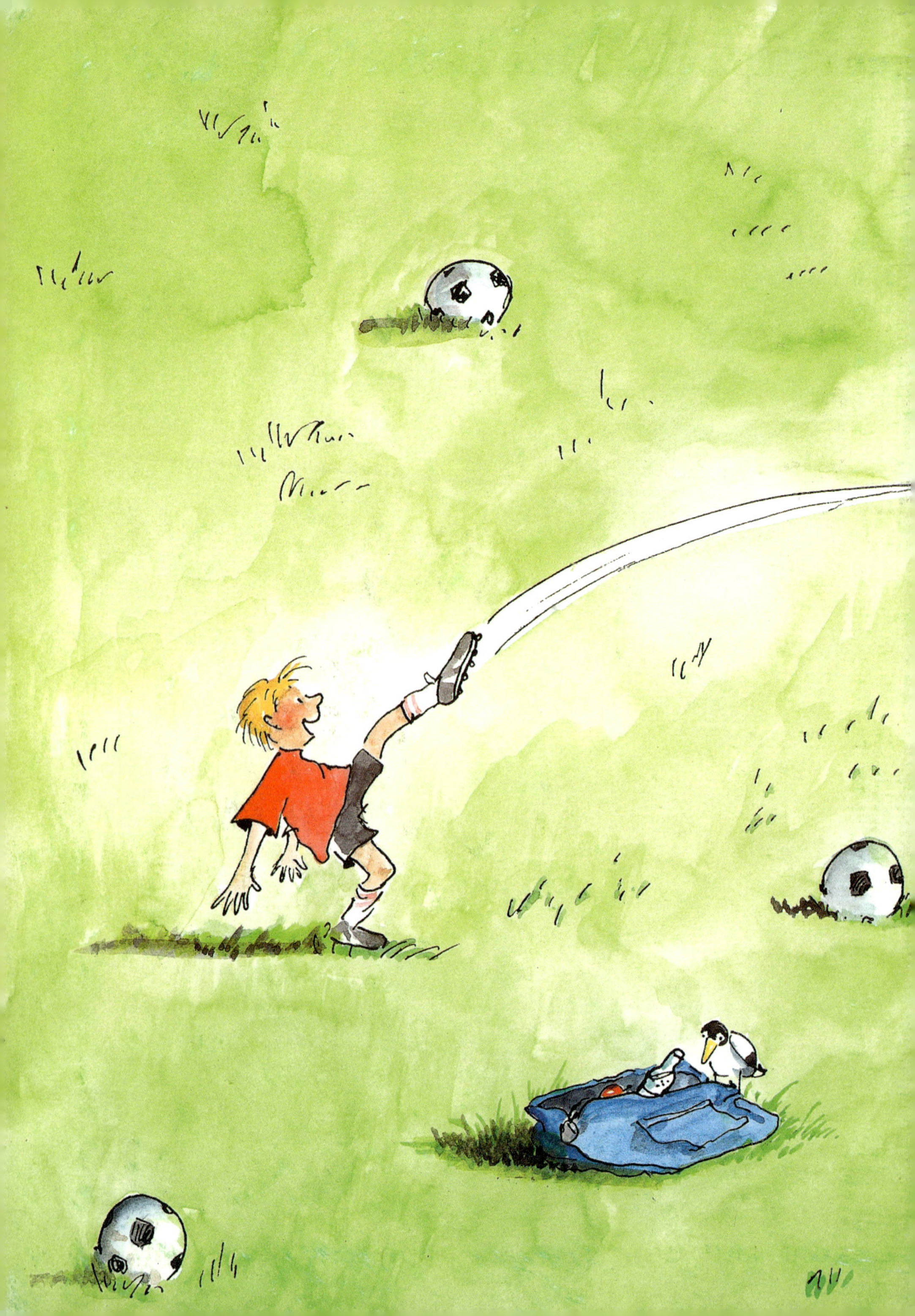